"Ne daj Bože, nema nikakve mahane Saraj[evu]
Neka bude uništen neprijatelj Sarajeva, ak[o...]
(Mejli, XVIII st.)

"God forbid, Sarajevo has no fault
May almighty God keep it from misfortune!
May the enemy of Sarajevo be destroyed, if ever there i[s...]
(Mejli, 18th century)

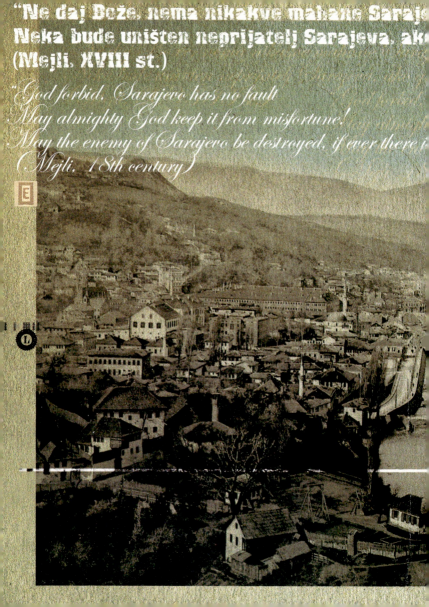

"Neka ga uzvišeni Bog čuva od svih nesreća bude bile"

SARAJEVO
18TH CENTURY NVIII ST.

Sarajevo, Totalansicht von Südost.

1462

Na razmeđu kultura i civilizacija, smješten u dolini rijeke Miljacke, okružen olimpijskim planinama Bjelašnicom i Igmanom, nastao je grad duge urbane tradicije, velike ljepote, burne historije, osobene kulture i mentaliteta. Utemeljio ga je Isa-beg Ishaković 1462. godine, od kada se Sarajevo i počinje razvijati kao urbano mjesto. Grad je nazvan Saraj-ovasi (polje ispred dvora, Sarajevsko polje) po saraju Isa-begovom. Bosanski nobelovac Ivo Andrić je o gradu u kojem su se zaustavili Istok i Zapad, zapisao: *To je grad.*

On the crossroads of cultures and civilisations, situated in the valley of the Miljacka River, surrounded by the Olympic mountains of Bjelašnica and Igman is a city of long urban tradition, great beauty, turbulent history and specific culture and mentality. It was established by Isa-bey Ishaković in 1462 and since then Sarajevo has been developing as an urban settlement. The city was named Saraj-ovasi (the field before the castle, the Sarajevo plane) after the saraj (castle) of Isa-bey. The Bosnian Nobel Laureate Ivo Andrić says of Sarajevo, a city in which East and West have come to rest: That is a city.

Sarajevo je glavni grad Bosne i Hercegovine. Nalazi se na 550 m nadmorske visine. Srednja godišnja temperatura je 9,7 ºC i u prosjeku godišnje ima 1.680 sunčanih sati. Na širem području Sarajeva danas živi oko 400.000 stanovnika.

400.000 9.7ºC 1.680

Formate · Sizes · Formats

Sarajevo is the capital of Bosnia-Herzegovina. It is situated at an altitude of 550m above sea level. The mean annual temperature is 9.7 ºC and there is an average of 1680 sunny hours in a year. Today, the wider region of Sarajevo is inhabited by 400,000 people.

550

(45° 53' 28"N, 18° 25' 50"E)

Arheološka istraživanja potvrđuju kontinuitet čovjekovog prisustva na području današnjeg Sarajeva. Tako je u mjestu Butmir, otprilike 2400 - 2000. godine prije naše ere, živjelo i razvijalo se neolitsko naselje. Najznačajnije odlike ovog naselja su izvanredne keramičke izrađevine.

Archaeological findings confirm the continuity of human presence in the region of today's Sarajevo. Thus, it the period around 2400 - 2000 BCE, a Neolithic settlement lived and developed at Butmir. The most significant features found at this settlement are exceptional ceramic handicrafts.

BUTMIR

4. 2.

Butmirska keramika

Na prijelazu iz mlađeg kamenog u bronzano doba stare stanovnike sarajevskog kraja potisnuli su Iliri. Brojni nalazi keramike, oružja, oruđa i nakita, svjedoče o visokom stepenu kulturnog i ekonomskog razvoja u tom periodu.

During the transition between the Neolithic Stone Age and the Bronze Age, the old inhabitants of the Sarajevo region were pushed out by the Illyrians. Numerous findings of ceramics, weapons, tools and ornaments testify to the high level of cultural and economic development in that period.

Sarajevsko područje 9. godine nove ere postaje dijelom Rimskog carstva. Sarajevskim poljem i dolinom Miljacke prolazio je rimski put koji je povezivao jadransku obalu sa Panonijom. Na prostoru današnjeg sarajevskog naselja Ilidža nalazilo se glavno rimsko naselje u sarajevskom kraju (Aquae S…), koje je bilo upravno i kulturno središte čitave oblasti, a imalo je status kolonije, čiji su stanovnici imali status punopravnih rimskih građana.

In 9 CE, the Sarajevo region became part of the Roman Empire. The Roman road connecting the Adriatic coast with Pannonia passed through the Sarajevo plane and along the Miljacka river valley. The area of today's Sarajevo district of Ilidža was the site of the main Roman settlement in the Sarajevo region (Aquae S…), which was the administrative and cultural centre of the entire area. It had the status of a colony whose inhabitants enjoyed the full civil rights of Roman citizens.

U VII stoljeću Slaveni naseljavaju ove krajeve, a polovinom X stoljeća se u spisima vizantskog kralja prvi put spominje i zemlja Bosona - Bosna. Srednjovjekovna Bosna je najveći uspon dostigla u vrijeme bosanskog bana i kralja Tvrtka I Kotromanića (1354-1391), koji je bio i vladar Dalmacije, Hrvatske, Primorja i Raške. Područje današnjeg Sarajeva pripadalo je župi Vrhbosna. Prema predaji, stari stanovnici su ga zbog izuzetne ljepote i bogatstva zvali Zlatni do.

In the 7th century, the Slavs settled in this area and in the middle of the 10th century the land of Bosona - Bosnia is mentioned for the first time in the manuscripts of the Byzantine king. Medieval Bosnia was at the height of its development during the reign of the Bosnian ban and king Tvrtko I Kotromanić(1354-1391), who also ruled over Dalmatia, Croatia, the Coast and Rascia. The area of today's Sarajevo was in the district of Vrhbosna. According to legend, due to its extraordinary beauty and riches, its ancient inhabitants called it the Golden Valley.

Iluminacije iz Evandelja - Sveti Luka evandelista

о въпрошеньи главѣ иереи . гл҃ бд꙯ . а҃і ка꙯
о вьиноградѣ . гл҃ н꙯ . б҃і ка꙯
о въпрошеныхъ о кинсонѣ . гл҃ ка꙯
о садꙋкеихъ . гл҃ н꙯г . д҃і ка꙯
о въпрошеныи никы фарисеѡ꙯
о вьдовици вьложьши꙯ кьзадъ
о кончини въпрошеные о ѹчн꙯ць
о пасцѣ . гл҃ аг꙯ м꙯ две
о стѧзаньи кьто и боли꙯
о искѹшеньи сатаникъ
о ѹничижени прольвѣ꙯
о плачющих сѧ женахъ꙯
о прикнꙋвшемь сѧ разбоиници꙯
о въпрошеньи клеопини꙯ . гл҃ зі꙯
о кле꙯ пикь꙯   конець

VII STOLJEĆE / 7TH CENTURY

Raspadom srednjovjekovne bosanske države u XV stoljeću, Bosna ulazi u sastav Osmanlijskog carstva.

With the collapse of the Medieval Bosnian State in the 15th century, Bosnia became part of the Ottoman Empire.

Isa-beg, utemeljitelj Sarajeva je, prema predaji, osnovao grad sagradivši džamiju baš na mjestu na kojem su ukopana dva brata. Braća su, 200 godina prije dolaska Isa-bega u Bosnu, živjela na dvjema stranama svijeta: jedan na Istoku, a drugi na Zapadu. Poslije dugo vremena sreli su se i zaželjeli da, zbog toga što su cijeli život proživjeli razdvojeni, budu barem zajedno ukopani u Sarajevu. Zbog toga je, prema predaji, Sarajevo od svog utemeljenja mjesto u kojemu se sastaju razdvojeni svjetovi, susreću Istok i Zapad.

E

According to legend, Isa-bey, the founder of Sarajevo established the city by building a mosque at the precise site where two brothers were buried. 200 years before Isa-bey's arrival, these two brothers lived on two sides of the world: one in the east and the other in the west. After a long time, they met in Sarajevo and having lived apart for so long, they wished to at least be buried together. That is why, legend tells us, since its very foundation Sarajevo has been a place where the divided worlds of the East and the West meet.

Gazi Husrev-beg, bosanski namjesnik, u XVI stoljeću je podizanjem mnogobrojnih zadužbina - vakufa, Sarajevo napravio velikim gradom - šeherom. Grad je naseljavalo uglavnom domaće stanovništvo, koje je u XVI stoljeću masovno prihvatalo islam. Osim muslimana, koji su činili većinu stanovništva, u Sarajevu je živjelo i kršćansko stanovništvo, a sredinom XV stoljeća u grad su doselili i Jevreji prognani sa Pirinejskog poluotoka. Šesnaesto stoljeće predstavlja zlatno doba u povijesti Sarajeva. Izgrađen je veliki broj sakralnih, obrazovnih, komunalnih i privrednih objekata. U tom periodu izgrađen je gotovo cijeli prostor koji je činio urbanu jezgru sve do austrougarske okupacije Bosne.

Formate, Sizes, Formate 400.000

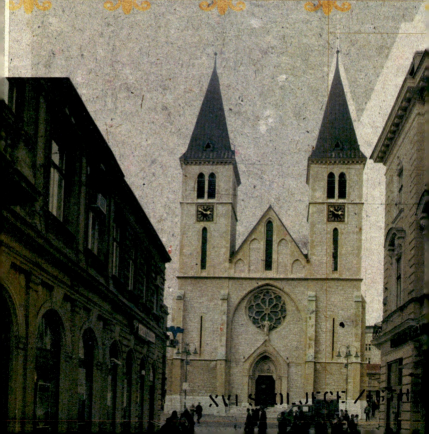

XVI STOLJEĆE/16TH

In the 16th century, Gazi Husrev-bey, a Bosnian regent, built many endowments - vakufs - thus making Sarajevo a great city - a šeher. The city was inhabited mainly by the local population which in the 16th century converted to Islam in large numbers. Apart from the Muslims, who made up the majority, Sarajevo was also inhabited by a Christian population and in the middle of the 16th century, Jews expelled from the Pyrenees peninsula also came to settle there. The 16th century was a golden age in the history of Sarajevo. A great number of sacral, educational, communal and economic buildings were constructed. That period saw the building of practically the whole area which constituted the urban core of the city until the Austro-Hungarian occupation of Bosnia.

153

Legenda kaže da je u vrijeme gradnje Begove džamije, koja je izgrađena 1531. godine i predstavlja nesumnjivo najznačajniji spomenik starog Sarajeva, s Trebevića do grada teklo mlijeko. Od tog vremena postoji i vjerovanje da je Sarajevo, zbog blagoslova Gazi Husrev-begovog, mjesto koje je veoma pogodno za trgovinu i poslovanje uopće.

Legend tells us that while the Bey's Mosque was being built (its construction was completed in 1531 and it remains indubitably the most significant memorial of old Sarajevo) milk flowed into the city from Mount Trebević. Since that time, a belief has spread that due to the blessing of Gazi Husrev-bey, Sarajevo is a place most favourable for trade and business in general.

1640. **1644.**

1640. 1644.

Tokom XVII stoljeća Sarajevo je doživjelo veliki broj nesreća i stradanja (zemljotres 1640., veliki požar 1644., epidemija kuge 1647.). Posebno veliko stradanje bilo je 1697. godine kada je habsburška vojska pod komandom princa Eugena Savojskog, samo u jednom danu, spalila gotovo cijeli urbani i privredni dio grada. Za obnovu grada bilo je potrebno cijelo desetljeće.

SARAJEVO

1647. 1697.

During the 17th century, Sarajevo endured a great many misfortunes and suffered much damage (the earthquake of 1640, the great fire of 1644, the plague epidemic of 1647). A particular catastrophe took place in 1697, when the Habsburg army led by Prince Eugene of Savoy burnt down almost the entire urban and economic centre of the city in a single day.
It took 10-15 years to reconstruct the city.

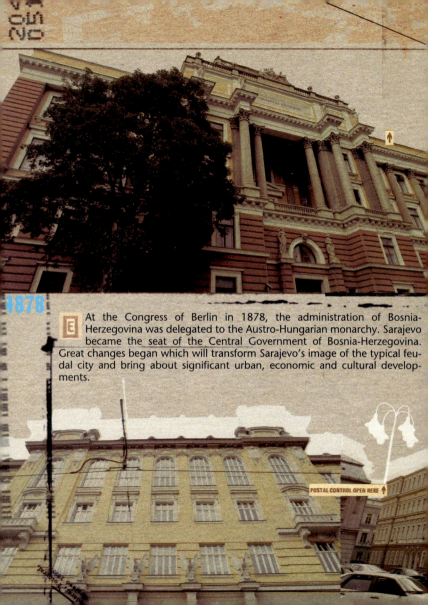

1878

At the Congress of Berlin in 1878, the administration of Bosnia-Herzegovina was delegated to the Austro-Hungarian monarchy. Sarajevo became the seat of the Central Government of Bosnia-Herzegovina. Great changes began which will transform Sarajevo's image of the typical feudal city and bring about significant urban, economic and cultural developments.

Odlukom Berlinskog kongresa, 1878. godine, uprava nad Bosnom i Hercegovinom povjerena je Austro-Ugarskoj monarhiji. Sarajevo postaje sjedište Zemaljske vlade Bosne i Hercegovine. Nastaju velike promjene koje će izmijeniti sliku tipično feudalnog grada i dovesti do značajanog urbanog, privrednog i kulturnog razvoja.

28.06.1914

U svjetsku povijest Sarajevo je ušlo ubistvom nadvojvode Franza Ferdinanda i njegove supruge koje je, 1914. godine, izvršio Gavrilo Princip. Ovaj događaj smatra se neposrednim povodom početka Prvog svjetskog rata.

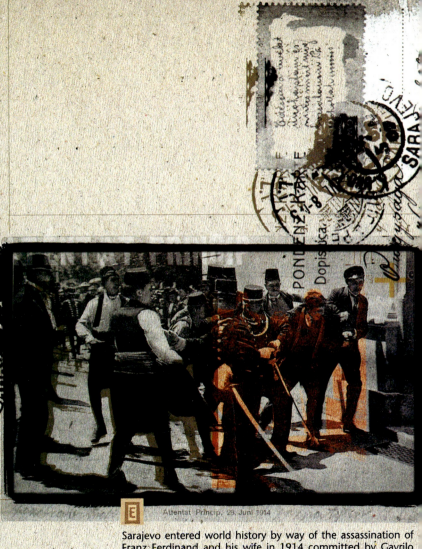

Attentat Princip, 28. Juni 1914

Sarajevo entered world history by way of the assassination of Franz Ferdinand and his wife in 1914 committed by Gavrilo Princip. This event is considered the direct cause of the outbreak of World War I.

Ujedinjenjem, odnosno proglašenjem Kraljevine Srba, Hrvata i Slovenaca, Bosna i Hercegovina je u decembru 1918. godine ušla u sastav jedinstvene jugoslavenske države. Period između dva svjetska rata za Sarajevo predstavlja razdoblje kulturne i privredne stagnacije.

1918

Through the uniting, that is, the proclamation of the Kingdom of Serbs, Croats and Slovenes in December 1918, Bosnia-Herzegovina became part of a unique Yugoslav state. The period between the two World Wars was one of cultural and economic stagnation for Sarajevo.

U toku Drugog svjetskog rata stanovništvo Sarajeva je desetkovano. Većinu poginulih su činile žrtve fašističkog terora. Sarajevo je od fašističke okupacije oslobođeno 6. aprila 1945. godine, a Bosna i Hercegovina postaje dijelom jugoslavenske federacije, kao jedna od 6 njenih ravnopravnih republika.

During World War II, the population of Sarajevo was decimated. Most of those who perished were victims of fascist terror. Sarajevo was liberated from fascist occupation on April 6, 1945 and Bosnia-Herzegovina became part of the Yugoslav Federation as one of 6 equal Republics.

Snažan privredni, kulturni i demografski razvoj grada u tom periodu svoju kulminaciju doživio je 1984. godine, kada su u Sarajevu održane XIV Zimske olimpijske igre.

The intensive economic, cultural and demographic development of the city in that period came to its culmination in 1984 when Sarajevo became the host of the XIV Winter Olympic Games.

April 1992

1992   93   94   95   10.514
                                                   civilians

10.514 civila Ubijeno, umrlo od gladi, hladnoće
10.514 civilians Killed, died of hunger or cold

Agresijom Srbije i Crne Gore na BiH Sarajevo se od aprila 1992. godine našlo u pravoj srednjovjekovnoj opsadi i blokadi. Grad je tri i po godine bio stalno izložen artiljerijskoj i snajperskoj paljbi, te sistematskom uništavanju. Stanovnici Sarajeva su u tom periodu bili lišeni vode, struje i bilo kakve komunikacije i veze sa vanjskim svijetom. U toku agresije na Bosnu i Hercegovinu u Sarajevu je ubijeno, umrlo od gladi, hladnoće ili nestalo 10.514 civila, od kojih 1.598 djece. Neprocjenjiva je i materijalna šteta koju je grad pretrpio u razaranju stambenog fonda, uništenju kulturnog blaga, privredne i saobraćajne infrastrukture.

1996

stalo
ppeared

The aggression of Serbia and Montenegro against Bosnia-Herzegovina, which began in April 1992, condemned Sarajevo to a medieval siege and blockade. For three and a half years, the city was exposed to constant artillery and sniper fire and systematic destruction. During that period, the citizens of Sarajevo were deprived of water, electricity and communication with the outside world. During the aggression against Bosnia-Herzegovina, in Sarajevo, 10,514 civilians were either killed, died of hunger or cold or disappeared and 1,598 of them were children. The material damage inflicted upon the housing, cultural heritage, the economic and communications infrastructure is immeasurable.

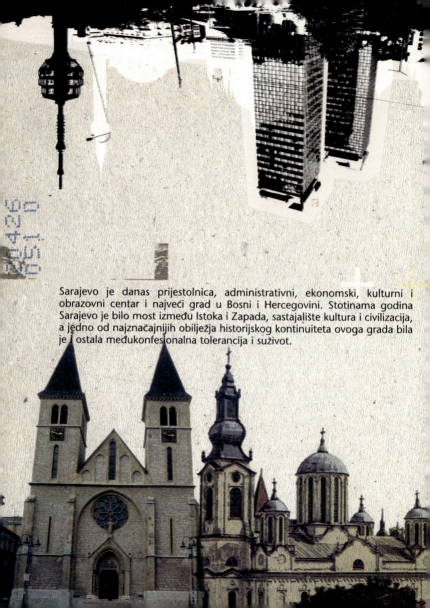

Sarajevo je danas prijestolnica, administrativni, ekonomski, kulturni i obrazovni centar i najveći grad u Bosni i Hercegovini. Stotinama godina Sarajevo je bilo most između Istoka i Zapada, sastajalište kultura i civilizacija, a jedno od najznačajnijih obilježja historijskog kontinuiteta ovoga grada bila je i ostala međukonfesionalna tolerancija i suživot.

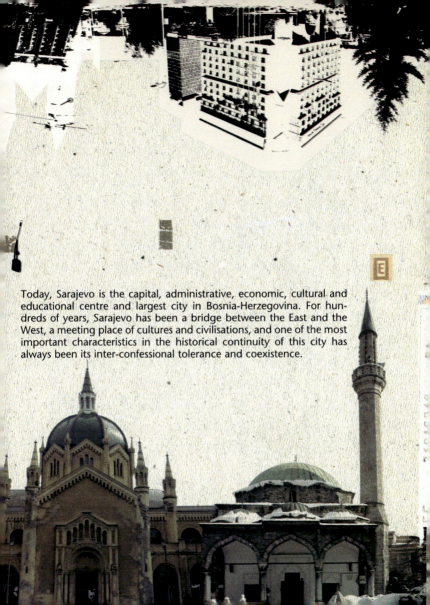

Today, Sarajevo is the capital, administrative, economic, cultural and educational centre and largest city in Bosnia-Herzegovina. For hundreds of years, Sarajevo has been a bridge between the East and the West, a meeting place of cultures and civilisations, and one of the most important characteristics in the historical continuity of this city has always been its inter-confessional tolerance and coexistence.

Izdavač/Publisher:
Urednik/Editor: **Muamer Spahić**
Tekst/Text: **Ahmed Karamusić**
Fotografije/Photographs: **Dejan Vekić**
Prijevod/Translation: **Ulvija Tanović**
Dizajn/Design: **Ideologija**
Štampa: **Bemust Sarajevo**
Zenica 2005.

```
CIP - Katalogizacija u publikaciji
Nacionalna i univerzitetska biblioteka
Bosne i Hercegovine, Sarajevo

911.375: 94 (497.6Sarajevo)
```

KARAMUSIĆ, Ahmed
```
        Sarajevo / [tekst, texte Karamusić Ahmed ;
fotografije, photographs Dejan Vekić ; prijevod,
translation Ulvija Tanović] . - Zenica :
Vrijeme, 2005. - 48 str. : ilustr. ; 16 cm

Tekst na bos. i engl. jeziku

ISBN 9958-778-38-6
1. Vekić, Dejan
COBISS.BH-ID 13897222
```

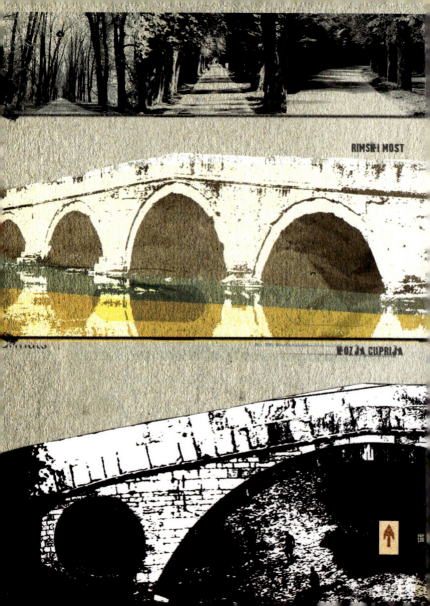

RIMSKI MOST

BOŽJA ĆUPRIJA